Libro de actividades de los
Libros de la Biblia

Libro de actividades de los libros de la Biblia

Todos los derechos reservados. Al comprar este Libro de actividades, el comprador puede copiar las hojas de actividades solo para uso personal y en el aula, pero no para reventa comercial. Con la excepción de lo anterior, este Libro de actividades no puede reproducirse total o parcialmente de ninguna manera sin el permiso por escrito del editor.

Bible Pathway Adventures® es una marca registrada de BPA Publishing Ltd.

ISBN: 978-1-989961-68-1

Autora: Pip Reid
Director Creativo: Curtis Reid
Editora: Aileen Nieto

Para más recursos bíblicos, incluyendo libros de actividades e imprimibles, visita nuestro sitio web en:

www.biblepathwayadventures.com

◇ Introducción ◇

Desde el Génesis hasta el Apocalipsis, *el Libro de actividades de los libros de la Biblia* comprende 66 hojas de trabajo fáciles de usar para ayudar a los niños a explorar la Palabra de Dios de una manera divertida y atractiva. Las ilustraciones para colorear les ayudan a descubrir los personajes más famosos de la Biblia. Las actividades de escritura les animan a leer las escrituras y a recordar lo que han aprendido. Un maravilloso recurso para los maestros de la escuela sabática y dominical, y para los que educan en casa.

Bible Pathway Adventures ayuda a los educadores a enseñar a los niños acerca de la fe bíblica de una manera creativa y divertida. Esto es posible mediante nuestros Libros de Actividades y actividades imprimibles gratuitas, disponibles en nuestro sitio web www.biblepathwayadventures.com.

Gracias por comprar este Libro de Actividades y apoyar a nuestro ministerio. Cada libro comprado nos ayuda a continuar con nuestro trabajo proporcionando recursos y enseñanzas gratis de discipulado a familias y misiones en todo el mundo.

¡La búsqueda de la Verdad es más divertida que la Tradición!

Tabla de contenido

Introducción 3

ANTIGUO TESTAMENTO
Génesis 6
Éxodo 7
Levítico 8
Números 9
Deuteronomio 10
Josué 11
Jueces 12
Rut 13
1 Samuel 14
2 Samuel 15
1 Reyes 16
2 Reyes 17
1 Crónicas 18
2 Crónicas 19
Esdras 20
Nehemías 21
Ester 22
Job 23
Salmos 24
Proverbios 25
Eclesiastés 26
Cantar de los Cantares 27
Isaías 28
Jeremías 29
Lamentaciones 30
Ezequiel 31
Daniel 32
Oseas 33
Joel 34
Amós 35
Abdías 36
Jonás 37

Miqueas	38
Nahúm	39
Habacuc	40
Sofonías	41
Ageo	42
Zacarías	43
Malaquías	44

NUEVO TESTAMENTO

Mateo	45
Marcos	46
Lucas	47
Juan	48
Hechos (de los Apóstoles)	49
Romanos	50
1 Corintios	51
2 Corintios	52
Gálatas	53
Efesios	54
Filipenses	55
Colosenses	56
1 Tesalonicenses	57
2 Tesalonicenses	58
1 Timoteo	59
2 Timoteo	60
Tito	61
Filemón	62
Hebreos	63
Santiago	64
1 Pedro	65
2 Pedro	66
1 Juan	67
2 Juan	68
3 Juan	69
Judas	70
Apocalipsis	71

Descubra más libros de actividades	72

Génesis

Escribe un resumen corto del libro de Génesis, o dibuja tu escena favorita de él.

Responda las preguntas a continuación.

¿Quiénes son las personas clave?

¿Cuáles son los eventos clave?

¿Qué lecciones importantes aprendiste de este libro?

Éxodo

Escribe un resumen corto del libro de Éxodo, o dibuja tu escena favorita de él.

Responda las preguntas a continuación.

¿Quiénes son las personas clave?

¿Cuáles son los eventos clave?

¿Qué lecciones importantes aprendiste de este libro?

Levítico

Escribe un resumen corto del libro de Levítico, o dibuja tu escena favorita de él.

Responda las preguntas a continuación.

¿Quiénes son las personas clave?

¿Cuáles son los eventos clave?

¿Qué lecciones importantes aprendiste de este libro?

Números

Escribe un resumen corto del libro de Números, o dibuja tu escena favorita de él.

Responda las preguntas a continuación.

¿Quiénes son las personas clave?

¿Cuáles son los eventos clave?

¿Qué lecciones importantes aprendiste de este libro?

Deuteronomio

Escribe un resumen corto del libro de Deuteronomio, o dibuja tu escena favorita de él.

Responda las preguntas a continuación.

¿Quiénes son las personas clave?

¿Cuáles son los eventos clave?

¿Qué lecciones importantes aprendiste de este libro?

Josué

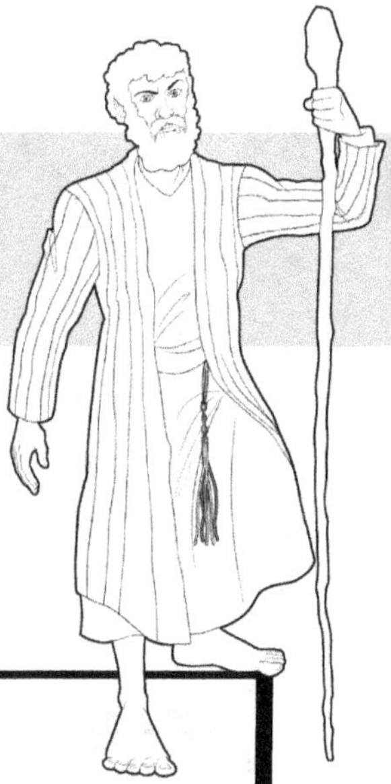

Escribe un resumen corto del libro de Josué, o dibuja tu escena favorita de él.

Responda las preguntas a continuación.

¿Quiénes son las personas clave?

¿Cuáles son los eventos clave?

¿Qué lecciones importantes aprendiste de este libro?

Jueces

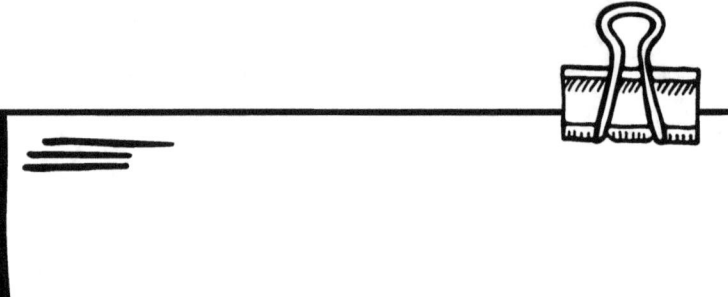

Escribe un resumen corto del libro de Jueces, o dibuja tu escena favorita de él.

Responda las preguntas a continuación.

| ¿Quiénes son las personas clave? | ¿Cuáles son los eventos clave? | ¿Qué lecciones importantes aprendiste de este libro? |

Rut

Escribe un resumen corto del libro de Rut, o dibuja tu escena favorita de él.

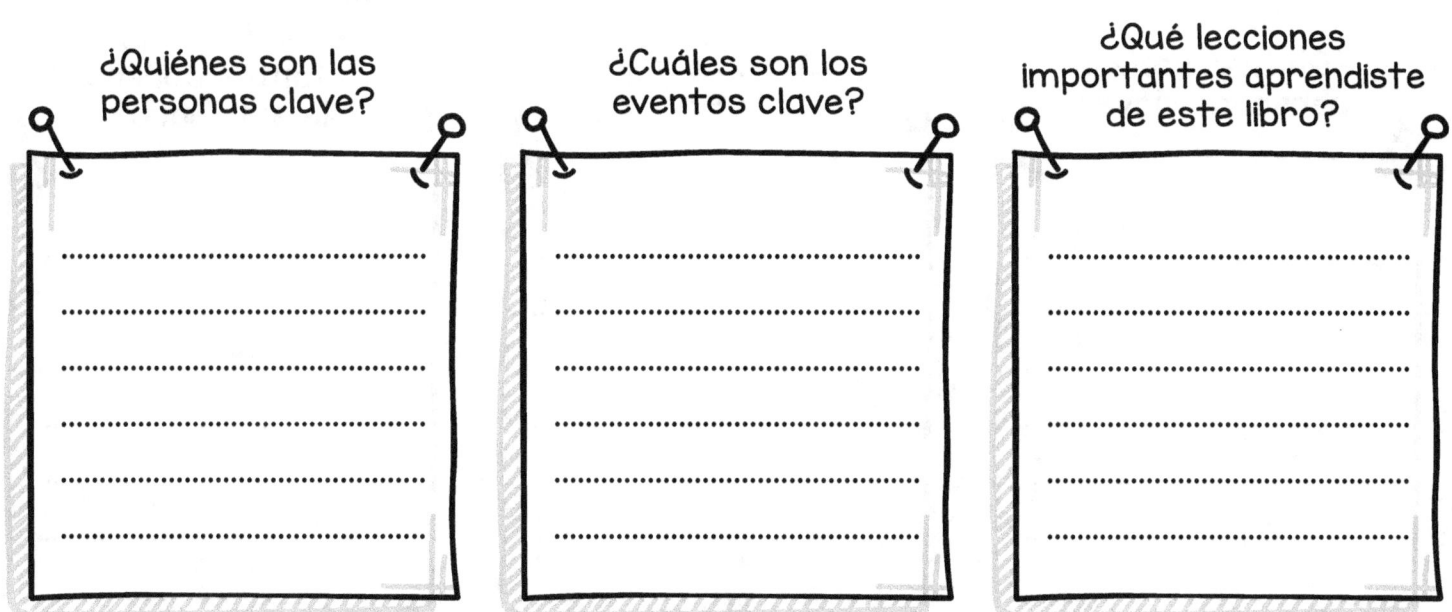

Responda las preguntas a continuación.

¿Quiénes son las personas clave?

¿Cuáles son los eventos clave?

¿Qué lecciones importantes aprendiste de este libro?

1 Samuel

Escribe un resumen corto del libro de 1 Samuel, o dibuja tu escena favorita de él.

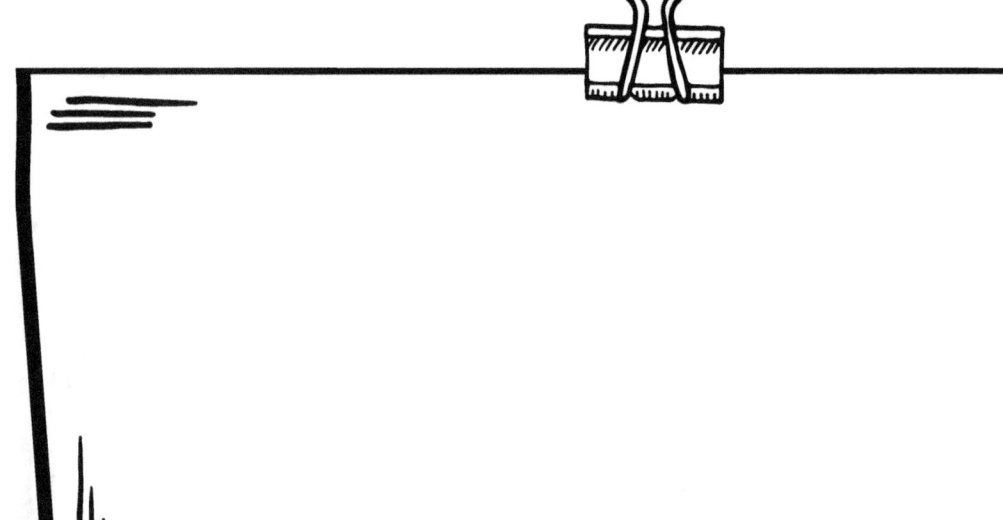

Responda las preguntas a continuación.

¿Quiénes son las personas clave?

¿Cuáles son los eventos clave?

¿Qué lecciones importantes aprendiste de este libro?

2 Samuel

Escribe un resumen corto del libro de 2 Samuel, o dibuja tu escena favorita de él.

Responda las preguntas a continuación.

¿Quiénes son las personas clave?

¿Cuáles son los eventos clave?

¿Qué lecciones importantes aprendiste de este libro?

1 Reyes

Escribe un resumen corto del libro de 1 Reyes, o dibuja tu escena favorita de él.

Responda las preguntas a continuación.

¿Quiénes son las personas clave?

¿Cuáles son los eventos clave?

¿Qué lecciones importantes aprendiste de este libro?

2 Reyes

Escribe un resumen corto del libro de 2 Reyes, o dibuja tu escena favorita de él.

Responda las preguntas a continuación.

¿Quiénes son las personas clave?

¿Cuáles son los eventos clave?

¿Qué lecciones importantes aprendiste de este libro?

1 Crónicas

Escribe un resumen corto del libro de 1 Crónicas, o dibuja tu escena favorita de él.

Responda las preguntas a continuación.

¿Quiénes son las personas clave?

¿Cuáles son los eventos clave?

¿Qué lecciones importantes aprendiste de este libro?

2 Crónicas

Escribe un resumen corto del libro de 2 Crónicas, o dibuja tu escena favorita de él.

Responda las preguntas a continuación.

¿Quiénes son las personas clave?

¿Cuáles son los eventos clave?

¿Qué lecciones importantes aprendiste de este libro?

Esdras

Escribe un resumen corto del libro de Esdras, o dibuja tu escena favorita de él.

Responda las preguntas a continuación.

¿Quiénes son las personas clave?

¿Cuáles son los eventos clave?

¿Qué lecciones importantes aprendiste de este libro?

Nehemías

Escribe un resumen corto del libro de Nehemías, o dibuja tu escena favorita de él.

Responda las preguntas a continuación.

¿Quiénes son las personas clave?

¿Cuáles son los eventos clave?

¿Qué lecciones importantes aprendiste de este libro?

Ester

Escribe un resumen corto del libro de Ester, o dibuja tu escena favorita de él.

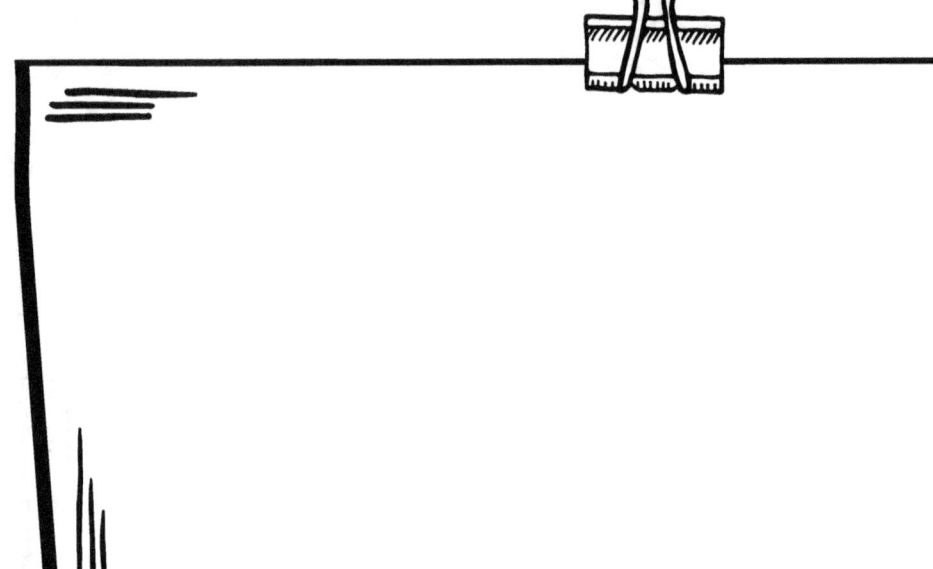

Responda las preguntas a continuación.

¿Quiénes son las personas clave?

¿Cuáles son los eventos clave?

¿Qué lecciones importantes aprendiste de este libro?

Job

Escribe un resumen corto del libro de Job, o dibuja tu escena favorita de él.

Responda las preguntas a continuación.

¿Quiénes son las personas clave?

¿Cuáles son los eventos clave?

¿Qué lecciones importantes aprendiste de este libro?

Salmos

Escribe un resumen corto del libro de Salmos, o dibuja tu escena favorita de él.

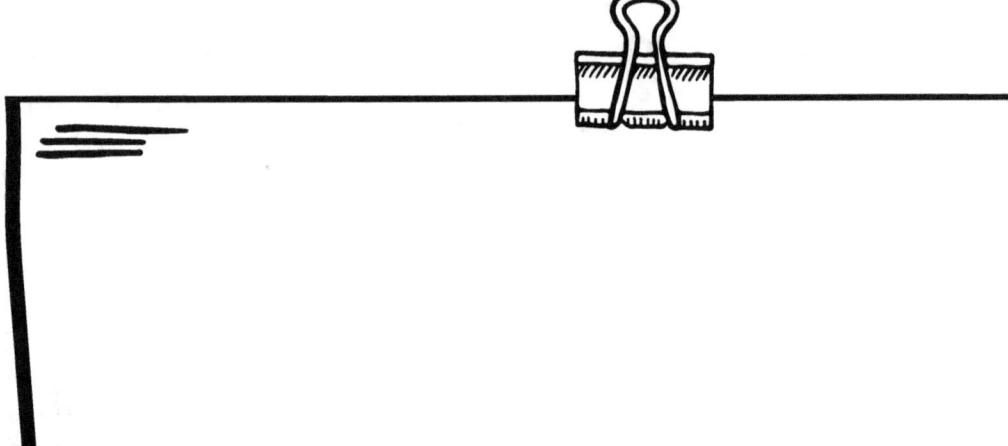

Responda las preguntas a continuación.

¿Quiénes son las personas clave?

¿Cuáles son los eventos clave?

¿Qué lecciones importantes aprendiste de este libro?

Proverbios

Escribe un resumen corto del libro de proverbios, o dibuja tu escena favorita de él.

Responda las preguntas a continuación.

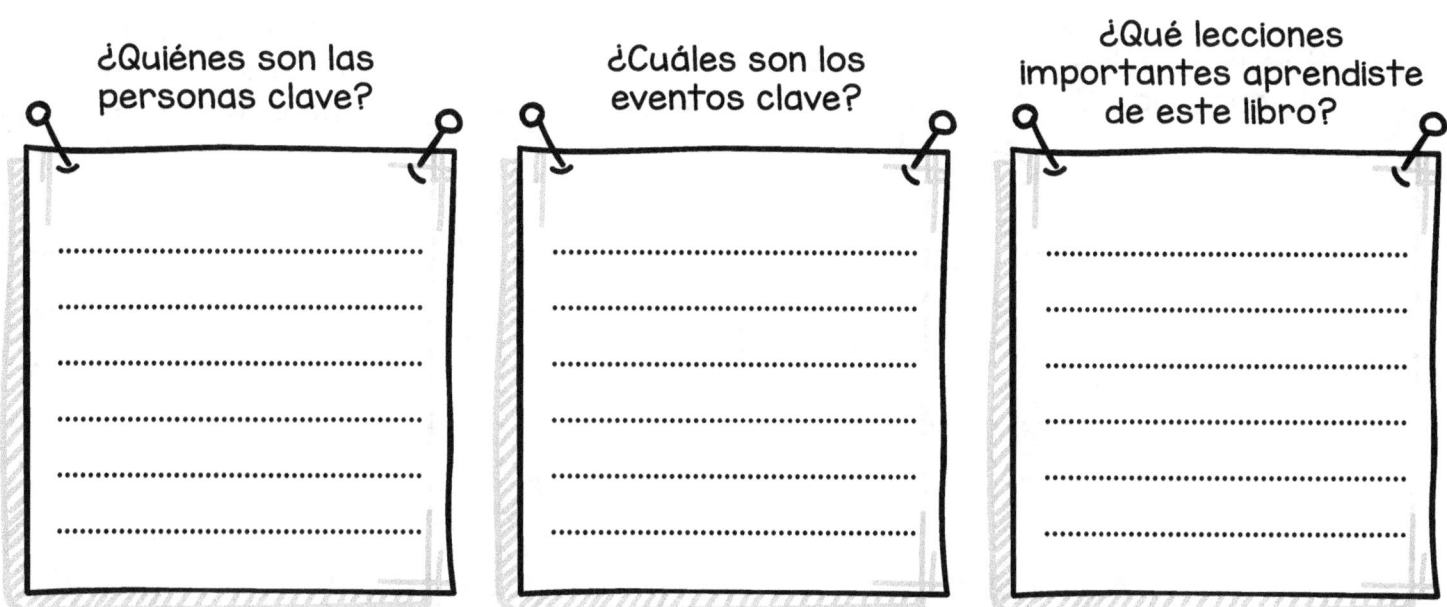

¿Quiénes son las personas clave?

¿Cuáles son los eventos clave?

¿Qué lecciones importantes aprendiste de este libro?

Eclesiastés

Escribe un resumen corto del libro de Eclesiastés, o dibuja tu escena favorita de él.

Responda las preguntas a continuación.

¿Quiénes son las personas clave?

¿Cuáles son los eventos clave?

¿Qué lecciones importantes aprendiste de este libro?

Cantar de Cantares

Escribe un resumen corto del libro de Cantar de Cantares, o dibuja tu escena favorita de él.

Responda las preguntas a continuación.

¿Quiénes son las personas clave?

¿Cuáles son los eventos clave?

¿Qué lecciones importantes aprendiste de este libro?

Isaías

Escribe un resumen corto del libro de Isaías, o dibuja tu escena favorita de él.

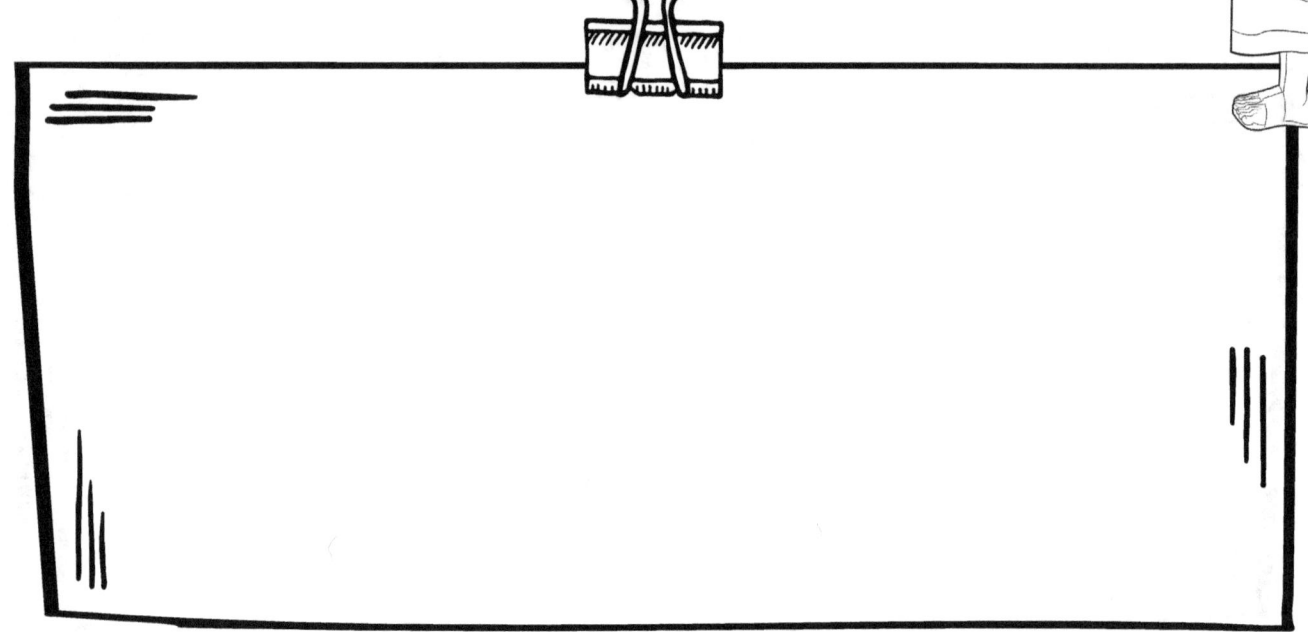

Responda las preguntas a continuación.

¿Quiénes son las personas clave?

¿Cuáles son los eventos clave?

¿Qué lecciones importantes aprendiste de este libro?

Jeremías

Escribe un resumen corto del libro de Jeremías, o dibuja tu escena favorita de él.

Responda las preguntas a continuación.

¿Quiénes son las personas clave?

¿Cuáles son los eventos clave?

¿Qué lecciones importantes aprendiste de este libro?

Lamentaciones

Escribe un resumen corto del libro de Lamentaciones, o dibuja tu escena favorita de él.

Responda las preguntas a continuación.

¿Quiénes son las personas clave?

¿Cuáles son los eventos clave?

¿Qué lecciones importantes aprendiste de este libro?

Ezequiel

Escribe un resumen corto del libro de Ezequiel, o dibuja tu escena favorita de él.

Responda las preguntas a continuación.

¿Quiénes son las personas clave?

¿Cuáles son los eventos clave?

¿Qué lecciones importantes aprendiste de este libro?

Daniel

Escribe un resumen corto del libro de Daniel, o dibuja tu escena favorita de él.

Responda las preguntas a continuación.

¿Quiénes son las personas clave?

¿Cuáles son los eventos clave?

¿Qué lecciones importantes aprendiste de este libro?

Oseas

Escribe un resumen corto del libro de Oseas, o dibuja tu escena favorita de él.

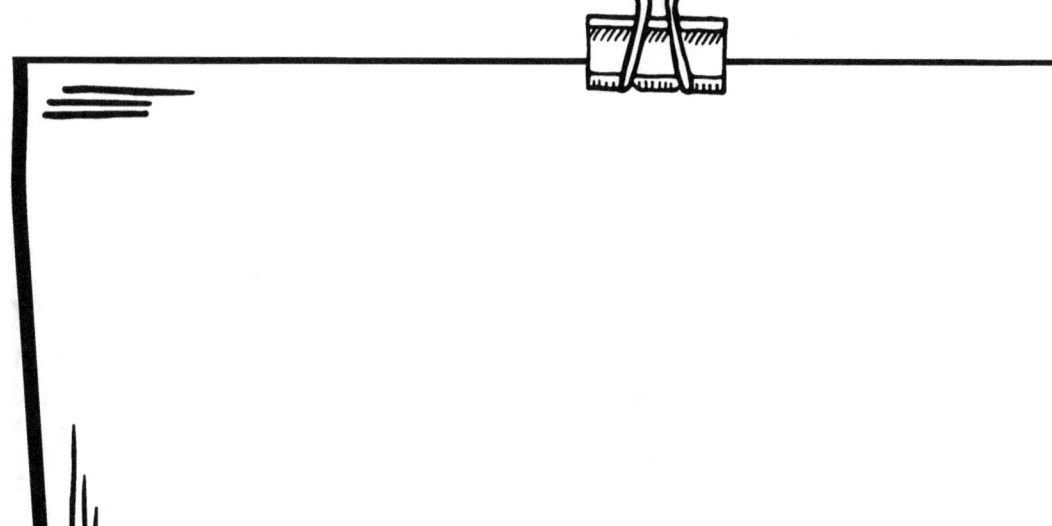

Responda las preguntas a continuación.

¿Quiénes son las personas clave?

¿Cuáles son los eventos clave?

¿Qué lecciones importantes aprendiste de este libro?

Joel

Escribe un resumen corto del libro de Joel, o dibuja tu escena favorita de él.

Responda las preguntas a continuación.

¿Quiénes son las personas clave?

¿Cuáles son los eventos clave?

¿Qué lecciones importantes aprendiste de este libro?

www.biblepathwayadventures.com
Libro de actividades de los libros de la Biblia

© BPA Publishing Ltd 2024

Amós

Escribe un resumen corto del libro de Amós, o dibuja tu escena favorita de él.

Responda las preguntas a continuación.

¿Quiénes son las personas clave?

¿Cuáles son los eventos clave?

¿Qué lecciones importantes aprendiste de este libro?

Abdías

Escribe un resumen corto del libro de Abdías, o dibuja tu escena favorita de él.

Responda las preguntas a continuación.

¿Quiénes son las personas clave?

¿Cuáles son los eventos clave?

¿Qué lecciones importantes aprendiste de este libro?

Jonás

Escribe un resumen corto del libro de Jonás, o dibuja tu escena favorita de él.

Responda las preguntas a continuación.

¿Quiénes son las personas clave?

¿Cuáles son los eventos clave?

¿Qué lecciones importantes aprendiste de este libro?

Miqueas

Escribe un resumen corto del libro de Miqueas, o dibuja tu escena favorita de él.

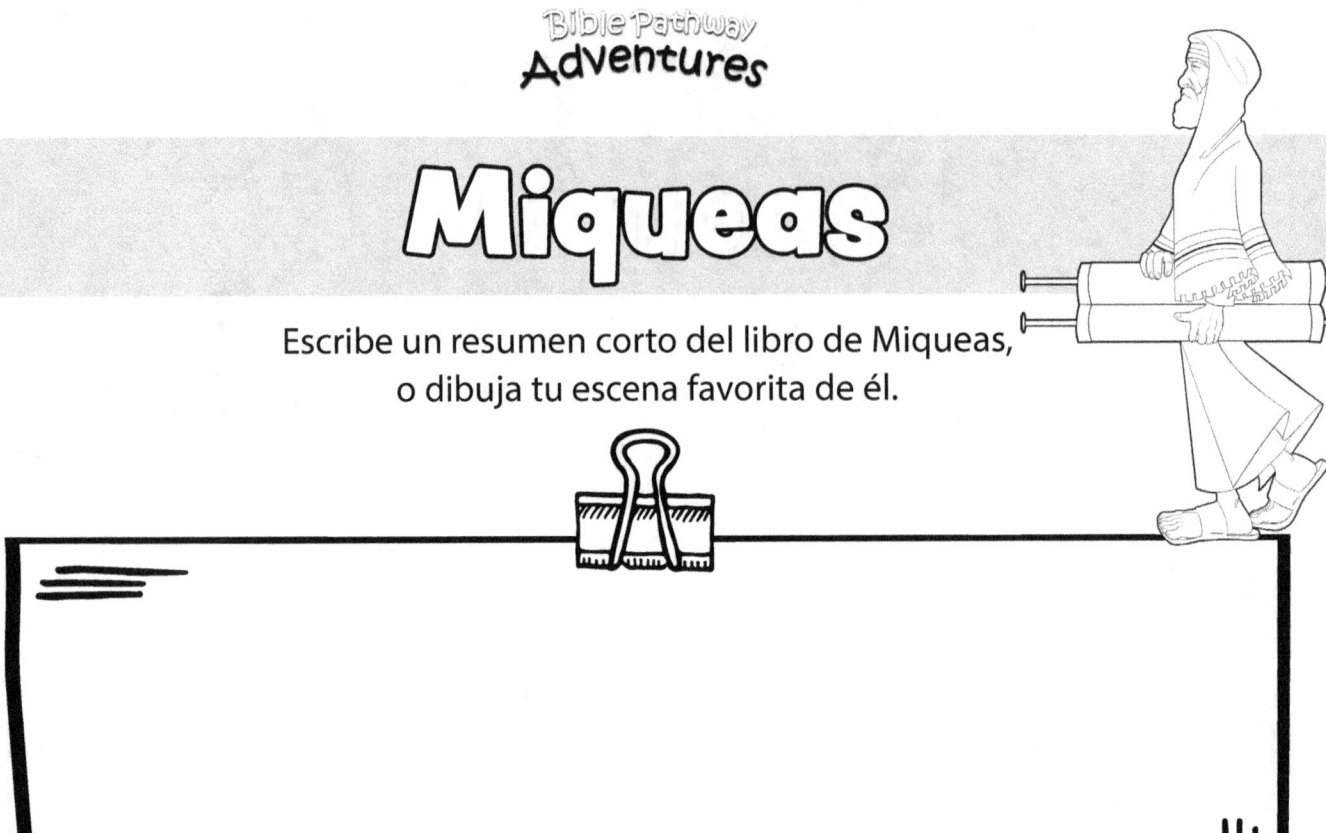

Responda las preguntas a continuación.

¿Quiénes son las personas clave?

¿Cuáles son los eventos clave?

¿Qué lecciones importantes aprendiste de este libro?

Nahúm

Escribe un resumen corto del libro de Nahúm, o dibuja tu escena favorita de él.

Responda las preguntas a continuación.

¿Quiénes son las personas clave?

¿Cuáles son los eventos clave?

¿Qué lecciones importantes aprendiste de este libro?

Habacuc

Escribe un resumen corto del libro de Habacuc, o dibuja tu escena favorita de él.

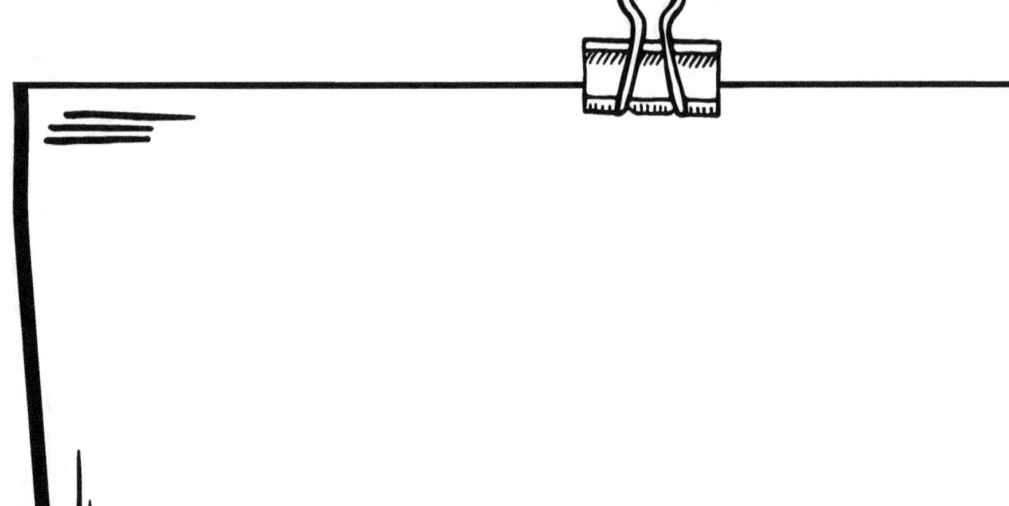

Responda las preguntas a continuación.

¿Quiénes son las personas clave?

¿Cuáles son los eventos clave?

¿Qué lecciones importantes aprendiste de este libro?

Sofonías

Escribe un resumen corto del libro de Sofonías, o dibuja tu escena favorita de él.

Responda las preguntas a continuación.

¿Quiénes son las personas clave?

¿Cuáles son los eventos clave?

¿Qué lecciones importantes aprendiste de este libro?

Ageo

Escribe un resumen corto del libro de Ageo, o dibuja tu escena favorita de él.

Responda las preguntas a continuación.

¿Quiénes son las personas clave?

¿Cuáles son los eventos clave?

¿Qué lecciones importantes aprendiste de este libro?

Zacarías

Escribe un resumen corto del libro de Zacarías, o dibuja tu escena favorita de él.

Responda las preguntas a continuación.

¿Quiénes son las personas clave?

¿Cuáles son los eventos clave?

¿Qué lecciones importantes aprendiste de este libro?

Malaquías

Escribe un resumen corto del libro de Malaquías, o dibuja tu escena favorita de él.

Responda las preguntas a continuación.

¿Quiénes son las personas clave?

¿Cuáles son los eventos clave?

¿Qué lecciones importantes aprendiste de este libro?

Mateo

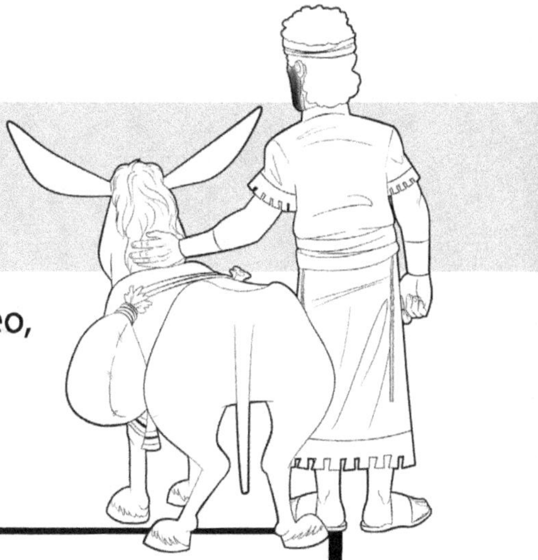

Escribe un resumen corto del libro de Mateo, o dibuja tu escena favorita de él.

Responda las preguntas a continuación.

¿Quiénes son las personas clave?

¿Cuáles son los eventos clave?

¿Qué lecciones importantes aprendiste de este libro?

Marcos

Escribe un resumen corto del libro de Marcos, o dibuja tu escena favorita de él.

Responda las preguntas a continuación.

¿Quiénes son las personas clave?

¿Cuáles son los eventos clave?

¿Qué lecciones importantes aprendiste de este libro?

Lucas

Escribe un resumen corto del libro de Lucas, o dibuja tu escena favorita de él.

Responda las preguntas a continuación.

¿Quiénes son las personas clave?

¿Cuáles son los eventos clave?

¿Qué lecciones importantes aprendiste de este libro?

Juan

Escribe un resumen corto del libro de Juan, o dibuja tu escena favorita de él.

Responda las preguntas a continuación.

¿Quiénes son las personas clave?

¿Cuáles son los eventos clave?

¿Qué lecciones importantes aprendiste de este libro?

Hechos (de los Apóstoles)

Escribe un resumen corto del libro de Hechos, o dibuja tu escena favorita de él.

Responda las preguntas a continuación.

¿Quiénes son las personas clave?

¿Cuáles son los eventos clave?

¿Qué lecciones importantes aprendiste de este libro?

Romanos

Escribe un resumen corto del libro de Romanos, o dibuja tu escena favorita de él.

Responda las preguntas a continuación.

¿Quiénes son las personas clave?

¿Cuáles son los eventos clave?

¿Qué lecciones importantes aprendiste de este libro?

1 Corintios

Escribe un resumen corto del libro de 1 Corintios, o dibuja tu escena favorita de él.

Responda las preguntas a continuación.

¿Quiénes son las personas clave?

¿Cuáles son los eventos clave?

¿Qué lecciones importantes aprendiste de este libro?

2 Corintios

Escribe un resumen corto del libro de 2 Corintios, o dibuja tu escena favorita de él.

Responda las preguntas a continuación.

¿Quiénes son las personas clave?

¿Cuáles son los eventos clave?

¿Qué lecciones importantes aprendiste de este libro?

Gálatas

Escribe un resumen corto del libro de Gálatas, o dibuja tu escena favorita de él.

Responda las preguntas a continuación.

¿Quiénes son las personas clave?

¿Cuáles son los eventos clave?

¿Qué lecciones importantes aprendiste de este libro?

Efesios

Escribe un resumen corto del libro de Efesios, o dibuja tu escena favorita de él.

Responda las preguntas a continuación.

¿Quiénes son las personas clave?

¿Cuáles son los eventos clave?

¿Qué lecciones importantes aprendiste de este libro?

Filipenses

Escribe un resumen corto del libro de Filipenses, o dibuja tu escena favorita de él.

Responda las preguntas a continuación.

¿Quiénes son las personas clave?

¿Cuáles son los eventos clave?

¿Qué lecciones importantes aprendiste de este libro?

Colosenses

Escribe un resumen corto del libro de Colosenses, o dibuja tu escena favorita de él.

Responda las preguntas a continuación.

¿Quiénes son las personas clave?

¿Cuáles son los eventos clave?

¿Qué lecciones importantes aprendiste de este libro?

1 Tesalonicenses

Escribe un resumen corto del libro de 1 Tesalonicenses, o dibuja tu escena favorita de él.

Responda las preguntas a continuación.

¿Quiénes son las personas clave?

¿Cuáles son los eventos clave?

¿Qué lecciones importantes aprendiste de este libro?

2 Tesalonicenses

Escribe un resumen corto del libro de 2 Tesalonicenses, o dibuja tu escena favorita de él.

Responda las preguntas a continuación.

¿Quiénes son las personas clave?

¿Cuáles son los eventos clave?

¿Qué lecciones importantes aprendiste de este libro?

1 Timoteo

Escribe un resumen corto del libro de 1 Timoteo, o dibuja tu escena favorita de él.

Responda las preguntas a continuación.

¿Quiénes son las personas clave?

¿Cuáles son los eventos clave?

¿Qué lecciones importantes aprendiste de este libro?

2 Timoteo

Escribe un resumen corto del libro de 2 Timoteo, o dibuja tu escena favorita de él.

Responda las preguntas a continuación.

¿Quiénes son las personas clave?

¿Cuáles son los eventos clave?

¿Qué lecciones importantes aprendiste de este libro?

Tito

Escribe un resumen corto del libro de Tito, o dibuja tu escena favorita de él.

Responda las preguntas a continuación.

¿Quiénes son las personas clave?

¿Cuáles son los eventos clave?

¿Qué lecciones importantes aprendiste de este libro?

Filemón

Escribe un resumen corto del libro de Filemón, o dibuja tu escena favorita de él.

Responda las preguntas a continuación.

¿Quiénes son las personas clave?

¿Cuáles son los eventos clave?

¿Qué lecciones importantes aprendiste de este libro?

Hebreos

Escribe un resumen corto del libro de Hebreos, o dibuja tu escena favorita de él.

Responda las preguntas a continuación.

¿Quiénes son las personas clave?

¿Cuáles son los eventos clave?

¿Qué lecciones importantes aprendiste de este libro?

Santiago

Escribe un resumen corto del libro de Santiago, o dibuja tu escena favorita de él.

Responda las preguntas a continuación.

| ¿Quiénes son las personas clave? | ¿Cuáles son los eventos clave? | ¿Qué lecciones importantes aprendiste de este libro? |

1 Pedro

Escribe un resumen corto del libro de 1 Pedro, o dibuja tu escena favorita de él.

Responda las preguntas a continuación.

¿Quiénes son las personas clave?

¿Cuáles son los eventos clave?

¿Qué lecciones importantes aprendiste de este libro?

2 Pedro

Escribe un resumen corto del libro de 2 Pedro, o dibuja tu escena favorita de él.

Responda las preguntas a continuación.

¿Quiénes son las personas clave?

¿Cuáles son los eventos clave?

¿Qué lecciones importantes aprendiste de este libro?

1 Juan

Escribe un resumen corto del libro de 1 Juan, o dibuja tu escena favorita de él.

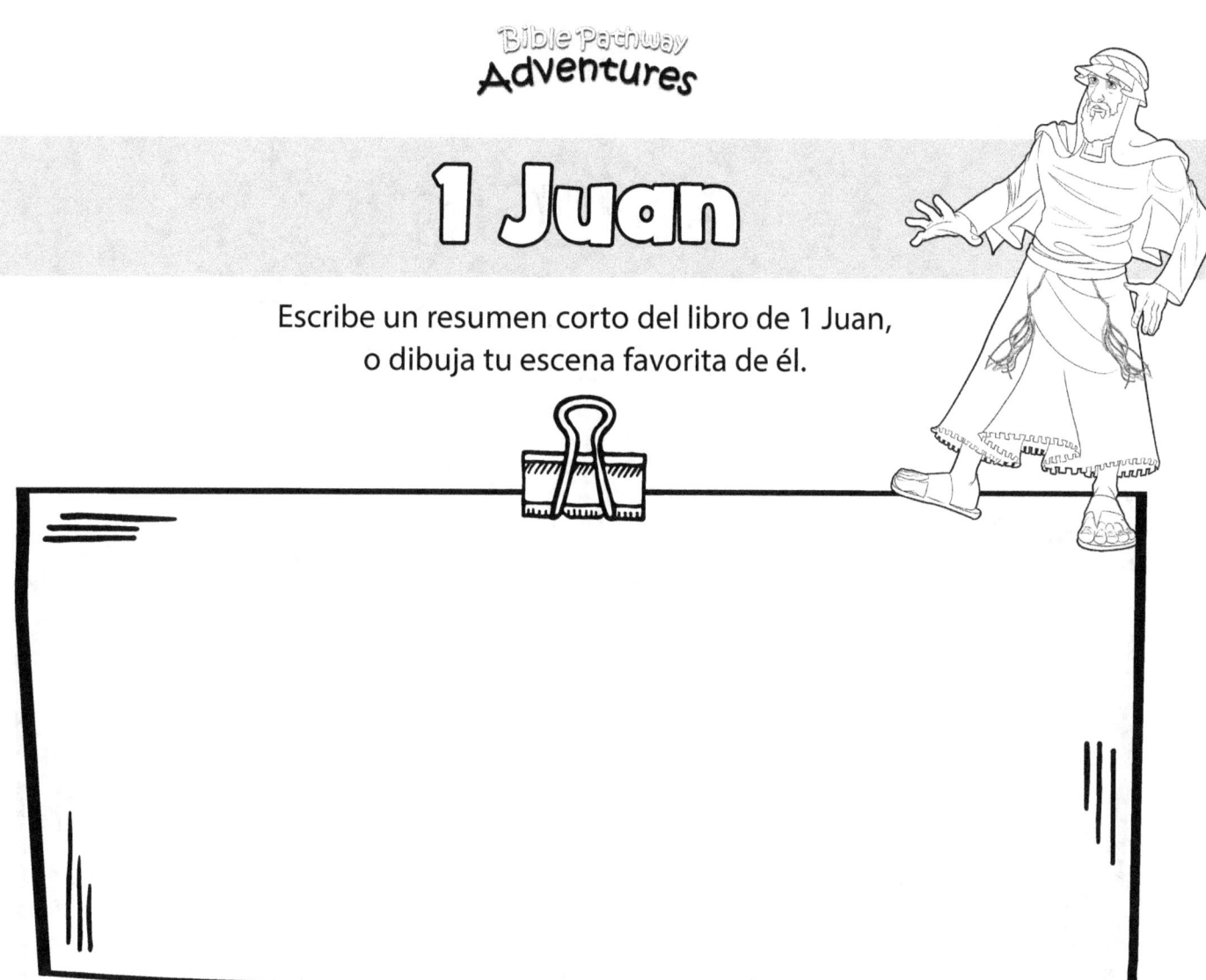

Responda las preguntas a continuación.

¿Quiénes son las personas clave?

¿Cuáles son los eventos clave?

¿Qué lecciones importantes aprendiste de este libro?

2 Juan

Escribe un resumen corto del libro de 2 Juan, o dibuja tu escena favorita de él.

Responda las preguntas a continuación.

¿Quiénes son las personas clave?

¿Cuáles son los eventos clave?

¿Qué lecciones importantes aprendiste de este libro?

3 Juan

Escribe un resumen corto del libro de 3 Juan, o dibuja tu escena favorita de él.

Responda las preguntas a continuación.

¿Quiénes son las personas clave?

¿Cuáles son los eventos clave?

¿Qué lecciones importantes aprendiste de este libro?

Judas

Escribe un resumen corto del libro de Judas, o dibuja tu escena favorita de él.

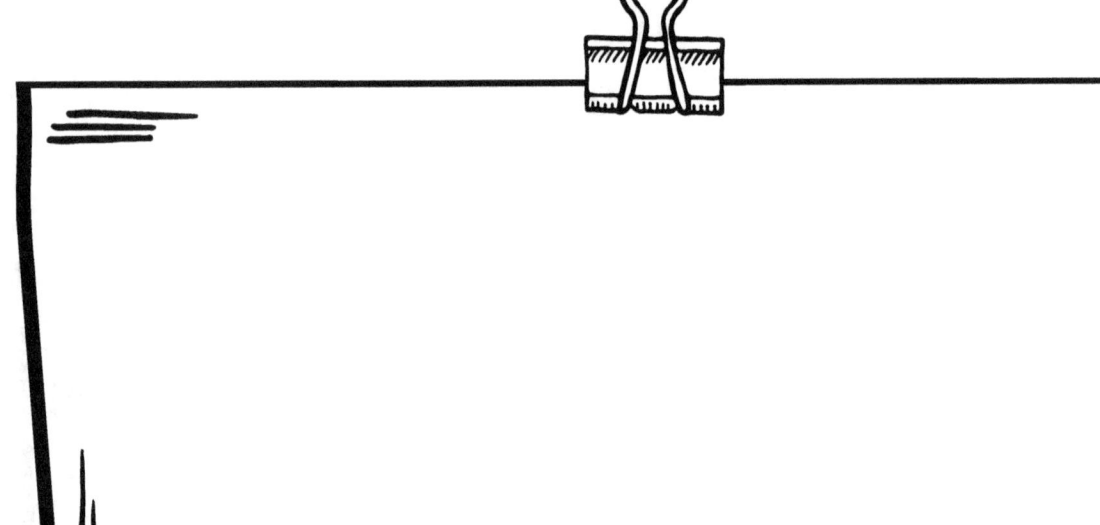

Responda las preguntas a continuación.

¿Quiénes son las personas clave?

¿Cuáles son los eventos clave?

¿Qué lecciones importantes aprendiste de este libro?

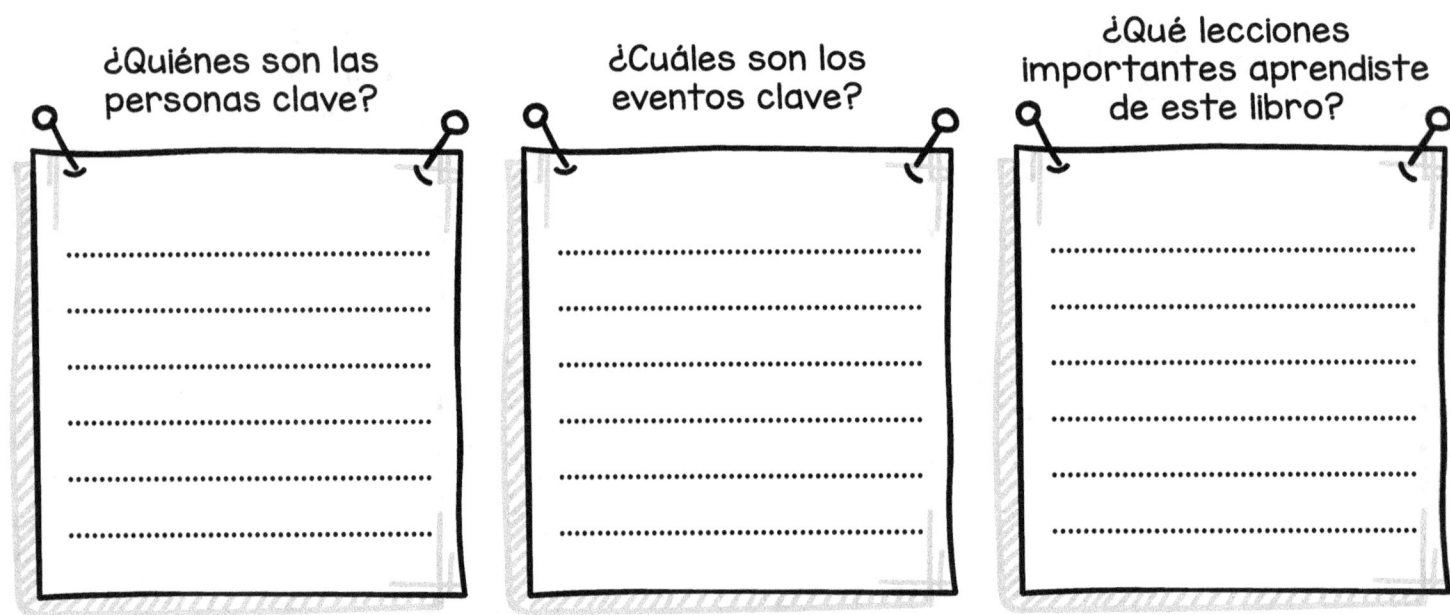

Apocalipsis

Escribe un resumen corto del libro de Apocalipsis, o dibuja tu escena favorita de él.

Responda las preguntas a continuación.

¿Quiénes son las personas clave?

¿Cuáles son los eventos clave?

¿Qué lecciones importantes aprendiste de este libro?

¡Descubre más Libros de Actividades!

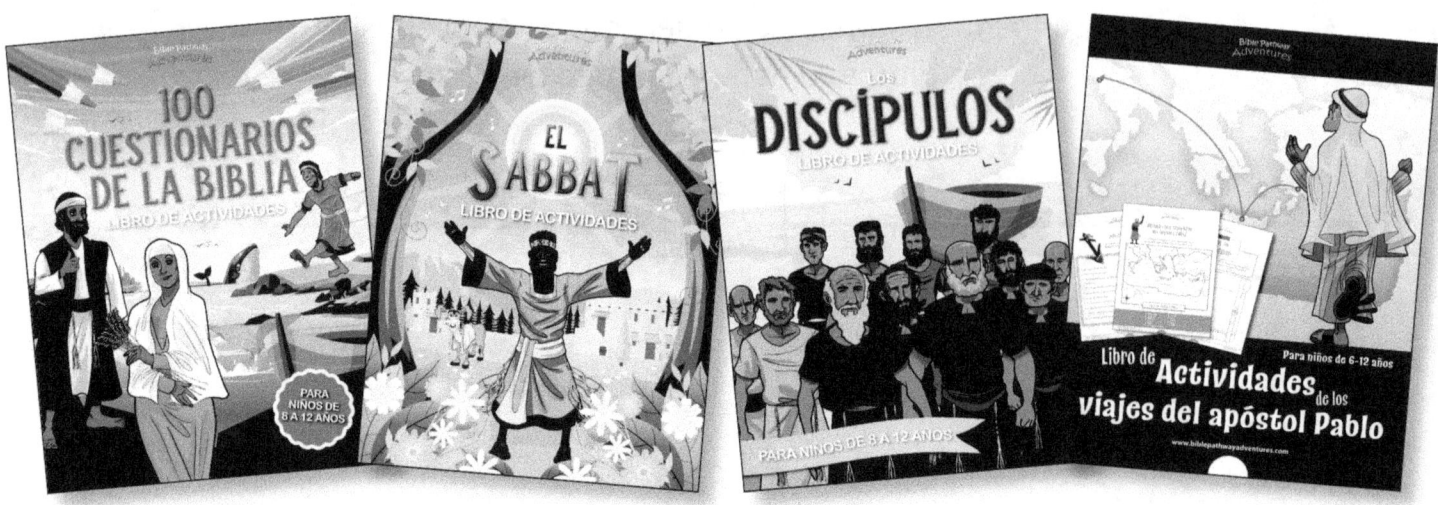

Disponibles para comprar en www.biblepathwayadventures.com

¡DESCARGA INSTANTÁNEA!

Libro de Actividades de Cuestionarios de la Biblia
El Libro de Actividades del Sabbat
Libro de Actividades de los Discípulos
Libro de actividades de los viajes del apóstol Pablo
Libro de Actividades de las Historias Favoritas de la Biblia
Bereshit | Génesis - Libro de Actividades con Porciones de la Torá
Aprendiendo Hebreo: El Alfabeto
Libro de Actividades de la Porción Semanal de la Torá

www.ingramcontent.com/pod-product-compliance
Lightning Source LLC
Chambersburg PA
CBHW081311070526
44578CB00006B/844